왜 행복은 옆집일까

이택민 시집

왜
행복은

옆집일까

시간의숲

시인의 말

구하(九霞), 아홉 개의 노을.
이런 사람이 되고 싶어서
호를 구하(九霞)로 지었다.

구하(九霞)// 생의 가을에/ 갖고픈 아홉 개의 노을/ 눈빛이 따뜻한 노을/ 주름 더불어 아름다운 미소 노을/ 언어가 넉넉한 노을/ 귀가 순한 노을/ 다정함과 순수함의 노을/ 순응의 노을/ 물들임의 노을/ 설렘의 노을

거울을 본다.
내게 시 쓰는 일이란
거울을 보는 것.

좋은 시를 쓰고 싶어
시작한 매일 새벽 시 쓰기.

새벽 4시 40분
아침 묵상을 하고

컴퓨터에 전원을 연다.
시의 세상을 여는 것.
아침 7시, 쓴 시는 톡으로 세상에 나간다.
쓰다 보니
시 쓰는 일은 어디 가고
매일 내면을 보고 있는 느낌이 들었다.

그렇게 매일 시를 쓴 지
올해로 만 10년.
하지만 아직도 시는 여물지 않고
부족한 내면만큼
부족하게 채워진다.

아침마다 쓴 3천여 편의 시들이
카톡 안의 지인들에게 인사를 했다.
그중에 몇 편을
지면에 옮겨 본다.

시는 긴데
지면은 짧아
거울로 본 내면을 모두 담을 수 없지만
지나온 세월을
더듬을 수는 있다.

이 10년의 기간 동안
세상의 어떤 것보다 더 소중한
외손주인 하루와 하담이를 선물로 받았고
이들로 인한 기쁨과 행복은 너무 커서 시로 다 담을 수 없음이 안타까울 뿐이다.

아내와 가족은 삶 속에 늘 녹아 시의 우물이 된다.

10년 동안 시를 쓰게 하는 영감을 주신 월간 문학지 《창조문예》 임만호 발행인, 부족한 나를 친구로, 시인으로, 가슴으로 대해 주신 고(故) 고무송 목사님께 이 책을 바친다.
편집을 맡아 시집을 만들어 주신 '시간의숲' 임영주 대표님

께도 심심한 감사를 전한다.

    지나온 세월
    내 시를 응원해 주시고 함께해 준
    모든 분들이 한 편 한 편 시인데
    시는 보이지 않고
    안타까움과 감사만 가슴에 남는다.

2025년 6월 5일
구하 이택민

차례

시인의 말 · 4

1부_ 증명사진

문제 13 · 증명사진 14 · 숙명 16 · 님에게 17 · 눈물방울 18
샌드위치 19 · 오늘 같은 내일 20 · 맹물의 미학 22
왜 행복은 옆집일까 23 · 그대는 시다 24 · 시 26 · 개꿈 29
어젯밤 일기 32 · 곰곰이 생각하다가 34 · 그럴 수 있다면 36
달빛 37 · 나무의 일생 38 · 어느 어르신의 바다 40
바닷가 동네 42 · 태풍 힌남노 43 · 지하철 5호선을 타고 44
동검도에 와서 46 · 별량면 호떡 아저씨 48 · 선풍기 50
버스 안에서 54 · 국토 순례길, 울진에서 56

2부_ 나에게 물을 것 있다면

봄 오는 소리 59 · 꽃샘추위 60 · 가지고 싶은 것 61
달동네에서 62 · 빨래 63 · 꽃구경 · 64 · 우수에는 65
그녀의 마당 66 · 전차 앞에서 68 · 좁쌀만 한 마음 70
나에게 물을 것 있다면 71 · 청소하는 사람 72
외계인을 위한 최초 시 73 · 맑고 푸른 마음 74 · 베네치아 75
아유슈비츠 수용소 76 · 강원도 소나무 78 · 도시의 무법자 80
봄 추억 82 · 상수리나무의 가을 83
가을 그리고 나뭇잎의 눈물 84
나무가 말을 할 줄 알았다면 우리는 숲으로 갔을까 86
겨울바람 사는 곳에 88 · 새 울음소리 89 · 하트 90
어느 일생 92

3부_ 물속의 달을 사랑한 사람

이정표 95 • 봄강 96 • 별에게 바람에게 97
입춘, 어제 이야기 98 • 낙엽 줍는 여인 99 • 빗방울 100
물속의 달을 사랑한 사람 102 • 여행 중 103 • 그리운 너 104
그리움 105 • 연잎이 피면 106 • 벌초 107 • 여수 앞바다 108
한마디 말 하나 110 • 가슴폰 111 • 하나의 바람 112
굿나잇 114 • 하굣길 풍경 116 • 어! 언제 이사했나요 117
세상 것 주고 싶은데 118 • 귀 기울이면 119

4부_ 예쁜 천사

닮아가는 이유 123 • 주머니 안의 작은 동전 124
산속의 외딴 집 126 • 봄비를 바라보며 127
봄은 어디서 오나요 128 • 봄밭으로 가자 129 • 가을 동화 1 130
가을 동화 2 133 • 너의 목소리 136 • 한가위 137
보름달 138 • 숲으로 가고 싶다 139 • 단톡 140 • 시소 141
평평한 지구에 대한 꿈 142 • 천 번의 굿바이 143 • 쌀의 꿈 144
앵무새처럼 146 • 사랑, 그대에게 147 • 샐러드 148
삶은 달걀 149 • 별 여행 150 • 홍시 151 • 영수증 152
그녀의 핸드폰에는 내 이름이 택민 씨로 저장되어 있다 154
신부 입장 156 • 예쁜 천사 158

1부_ 증명사진

문제 • 증명사진 • 숙명 • 님에게 • 눈물방울 • 샌드위치
오늘 같은 내일 • 맹물의 미학 • 왜 행복은 옆집일까
그대는 시다 • 시 • 개꿈 • 어젯밤 일기 • 곰곰이 생각하다가
그럴 수 있다면 • 달빛 • 나무의 일생 • 어느 어르신의 바다
바닷가 동네 • 태풍 힌남노 • 지하철 5호선을 타고
동검도에 와서 • 별량면 호떡 아저씨
선풍기 • 버스 안에서 • 국토 순례길, 울진에서

문제

평생
한 문제를 풀기 위해
끙끙 앓고 있다

한 문제도 풀지 못하는 삶이
오늘도
여러 문제를 가져 온다

아서라
제발 천천히 하자
한 문제 풀고 다음으로 가자

증명사진

다시 찍자 한다
살짝 짜증난 목소리의 사진사는
-자, 턱을 모으고
　더 웃으세요
　많이 웃으세요
　마지막이니 크게 웃으세요

여러 번이다
표정은 웃는데
사진마다
슬픔이 찍힌다
아픔이 어린다

표정에 주름이 찍히는 건
지나온 삶인데
깊은 아픔에
슬픔만 찍히니

삶이 재미있는 것처럼

웃는 모습 나오게 하려
분명 소리 높여 웃는데
사진엔 눈물만 맺힌다

세상아
너에게 제출할
증명사진을 찍고 있다

숙명

과녁에 화살이 박혔다
얼마나 강하게 박혔는지
힘 다해도 뽑히지 않는다

남은 생
그렇게 살아야 될 것 같다
그대라는 화살
가슴에 박힌 채로

님에게

고요한 가운데 앉아 있습니다
사념의 불을 끄고 생각의 문을 닫습니다
이제는 그대 안으로 깊이 들어가려 합니다
우주가 나를 향해 열려 있고 당신은 내 안에 빛으로 계십니다
작은 호흡만 밖으로 향할 뿐
내 모든 감각은 당신이 나에게 내미는 손길에 있습니다
바람이 불어와 나를 간지럽혀도
나는 영원히 당신과 더불어 깨어 있기를 소망합니다

눈물방울

가슴 복판에 맺힌 설움
얼마큼의 무게 돼야 땅에 떨어질까

서걱거리는 심장
꽉 다문 이빨 사이로
중력의 힘은 다가오는데

가끔 아주 가끔
왜 살아야 하는지
물음에 답을 못할 때가 있다

당연히 피는 꽃이 있을 리 없고
우연한 그대 있을 수 없는데

중력의 힘은 너를
내게서 멀어지게 하고

나는 세월의 힘에 밀려
너를 놓아야 했다

샌드위치

샌드위치를 만들어 보자

너와 나 사이에
달콤한 쨈을 바르자
싱싱한 계란을 넣고
하늘 보고 자란 푸른
신선한 야채 이것저것 넣자
봄이니 봄도 가득 넣어보자

그래서 우리 사이 맛있게 하자
그래서 우리 사이 건강하게 하자
그래서 우리 사이 늘 푸르게 하자

샌드위치는 그렇게 먹는 것
우리 사이 그렇게 사는 것
오늘도 그런 샌드위치 만들어
빈틈없이 꽉 차게 살아보자

오늘 같은 내일

밤이 되었습니다

밤이기에
나는 또 잠들어야 합니다

잠들지 않고 깨어 있어서
내일을 맞이하고 싶은데

그래서 새벽은
어디서 오는지 어떻게 오는지

새날은 얼마나 환한지
온몸으로 맞고 싶은데

내일은 내가 보지 못하는 사이
그렇게 오니

아아~ 나는 매번 잠들어서
아마 그래서 나는

내일을 사는 것이 아니라
똑같은 오늘을 살아가는 것 같습니다

맹물의 미학

어느 그릇 안에 담긴 너를 보고
너는 짙은 커피향 없다고
너는 향기로운 과일색 없다고
본 척 안 하고
옆으로 치워 놓고
눈길조차 없을 때도
더욱 맹물 같은 눈물 흘려
너의 눈물 알지 못했으니
맹물 같은 맹물로의 삶

문득 네 안에 하늘 담기고
문득 네 안에 커피향도 과일향도 들어가니
나도 맹물 같은 삶으로
모두 담을 수 있고
임이 원한 모든 향 될 수 있다면
그대 본 척 안 해, 맹물 같은 눈물 흘려도
맹물 같은 삶 살고 싶어
새벽 사발에 맹물 가득 마신다

왜 행복은 옆집일까

겨울은 길고
바람은 매섭고 춥다
왜 행복은 옆집일까

꿈은 멀고
고단한 삶은 여긴데
왜 행복은 옆집일까

무엇 때문에 곧장 내게 안 오고
옆으로 비켜갈까
탐스런 꽃조차 왜 옆길에서 필까

행복하게 보인
옆집 주인 만났더니
내게 먼저 인사한다
"행복하게 사시는 것이 부럽습니다" 하고

그대는 시다

그대는 시다
아픔과 고뇌, 생의 모든 것이 들어 있는
단 한 편의 자유시, 아니 서정시, 아니 서사시
읽어도 읽어도
도무지 샘솟는 신선한 모유 닮은

나는 내 앞에 펼쳐진 그대를
읽으려 돋보기까지 준비했지만
단 한 줄 조차 읽을 수 없었다
다만 스쳐가는 어느 바람을 느낄 뿐

그대는 바람
그대는 천상의 노래
졸졸졸 흐르는 시냇물
그대는 시다
뚜벅뚜벅 걸었던 시는
자유이며
창공이며
흩어지는 눈보라이며

눈보라를 맞는 나무의 긴 호흡이다
생의 거친 호흡만큼
시는 아프면서 세련되고
슬프면서 아름답고
또 세상이면서도 거룩하다

오늘도 그대를 시로 만난다
나는 그대 안에서
그 낯선 기호들을 감상하며
곰곰이 너에게 가서
나도 한 편의 시가 되고픈데

서슬처럼 시퍼런 세상이
다정한 척 나를 끌고 간다

시

시는 짧지만
결코 짧지 않습니다

생은 짧지만
결코 짧지 않은 것처럼

그날 커피 한 잔은 짧았지만
결코 짧지 않았던 것처럼

    나는 아메리카노를, 그녀는 에스프레소를 앞에 두고 앉았습니다. 말 없는 공간엔 커피향이 있었고, 밖은 비가 내리고 있었습니다. 어색하지 않아도 되는 어색함에 나는 가끔 할 말을 생각해 냈고, 가끔 밖을 보았고, 가끔 커피 잔을 들었습니다. 이제 막 들어오는 젊은 남녀는 슬픈 우산을 감추려 비닐에 담았고, 우리에게서 벗어나 먼 곳으로 자리를 잡았습니다. 카페 안은 고요했습니다. 어제 산 시집, 마침 가방 안에 들어 있어 시를 꺼냈습니다. 시가 커피 안으로 들어가니 굳이 할 말을 찾지 않아도 되었습니다. 시와 커피는 궁합이 잘 맞나 봅니다. 참 다행이라 생각했습니다.

 친구가 여행을 떠난다기에 시집을 선물로 주었습니다. 여행에는 길지만 짧은 시가 제격입니다. 낯선 곳, 낯선 사람에게서 나는 낯선 향기를 시는 좋아합니다. 사랑에 빠진 친구에겐 사랑시를 선물했고, 이별의 아픔을 겪는 친구에겐 이별시를 선물로 주었습니다. 어젠 전에 막걸리 한 잔을 하는데 친구는 시를 말했고, 오늘 나는 우체국에서 시를 부쳤습니다.

 줌(zoom). 화면엔 몇 사람의 반갑고 낯선 얼굴이 어른거립니다. 각자의 시들이 한 편씩 선을 보이는 시간. 얌전해 보이는 시들이 조금씩 옷을 벗는데 참 다양하고 대단하다 생각했습니다. 부러움과 응원의 박수를 보냅니다. 시 때문에 하나가 되었습니다.

 시는 짧지만
 결코 짧지 않습니다

우리의 생은 짧지만
결코 짧지 않은 것처럼

오늘 우리의 만남은 짧지만
결코 짧지 않은 것처럼

개꿈

잠, 꿈, 잠, 꿈, 잠, 꿈꿈꿈
이러다 눈을 뜬다 요사이 잠의 형태이다

얕은 잠 속에 내내 꿈까지 꾸었으니
눈은 게슴츠레하고 아침부터 피곤하다
잠 안에 사는 꿈
가끔 잠 밖에서 활동하는 놈들도 꿈이라 하며
꿈을 가지라 말하지만 근본적으로 종이 다른 것이다
무성 영화 시대 흑백 영화처럼 놈들은
잠잘 때 활발한 활동을 벌이다 문득 잠에서 깨어날 때
자신의 범죄를 들키지 않으려 기억에서조차 흔적을 남기지 않고 숨어버린다
가끔 놈의 끄뜨머리의 흔적을 찾아 놈의 실체를 밝히려 해도 가물가물
외려 놈이 남긴 모호한 잔상은 고약한 냄새처럼 머릿속에 남아 새벽을 뺏어가니
냉장고 문을 열고 시원한 물 한 잔 벌컥 마실 뿐이다

이날 잠이 보약이라는 명분 아래 꿈과의 전쟁을 선포하고

대대적 꿈 사냥을 한다
꿈이란 꿈
모조리 잡아 주리를 틀고 유배를 보내고
죄질이 나쁜 놈은 형장의 이슬이 되게 한다
마지막 한 놈까지 잡아 처리하니 가슴이 뿌듯해진다
이제 내 잠 속엔 꿈은 없다 순일한 잠만 있을 뿐
기쁨의 웃음이 터져 나왔다 그 웃음소리에 놀라 잠이 깼다
누운 채 멍하니 허공을 바라보니
이리 뛰고 저리 뛴 덕분에 온몸만 여기저기 피곤하다
얼음 넣은 찬 냉수를 마신다

곰곰이 지혜로운 방법을 찾아본다
이왕 잠들 때마다 꿈을 꾸어야 한다면
그가 아니라 내가 먼저 그를 찾아 내가 원하는 꿈으로
잠 속에 있게 해야지 생각하며 일찍 잠을 청한다
뒤척뒤척 그러나 내가 원하는 꿈이 아니라 기다렸다는 듯
꿈이 또 나를 찾아온다
그래서 돼지 같은 꿈을 꾸는 것이 아니라 개 같은 꿈을
다시 꾼다

아, 개 같은 꿈
오늘도 피곤하다 개꿈 때문에

어젯밤 일기

누군가 일용할 양식을 위해 일터로 달려갔고
누군가 물건을 사러 마트로 달려갔다
누군가 사랑을 구한다며 여친에게 전화하는 것을 보았는데
그는 시무룩한 채 아무 말도 하지 않았다
공원엔 개들의 오물을 치우는 누군가가 있었고
차들의 클랙슨 소리는 골목길에서도 울리고 있었다
누군가 바쁘다는 핑계로 신호를 무시하는 행동을 했고
문득 젊은이들은 가면을 쓰고 나갔다가
영영 돌아오지 않을 때도 있었다

(어제는 아무 일도 일어나지 않았다
매일 똑같은 일만 반복해 일어나고 있었고
오늘은 또 오늘 일어날 일만 일어나고 있었다)

가을에 피는 꽃, 국화
전국에 하얀 국화꽃이 피었다
비도 오지 않았는데 거리마다 섬세하게 젖어 있었다
선거 때마다 민심을 구한다면서

확성기로 거짓말하는 사람들을 보았다
그들의 삶은 내내 거짓말이었다
저들은 무조건 상대의 잘못을 만들어내고
종교계는 자꾸 죄를 만들어냈다

이렇듯 세상은 누군가로부터 많은 것을 보여주고 있지만
어젠 정말 아무것도 별다른 일이 일어나지 않았고
매번 같은 일만 반복해서 일어났는데

어젯밤 나는
한 줄의 시도 쓰지 못하고 잠들었다

곰곰이 생각하다가
- 소실점의 세계

산을 그리려 했다
곰곰이 생각하다가
소실점 하나 찍었다

바다를 그리려 했다
곰곰이 생각하다가
소실점 하나 찍었다

길 역시 소실점으로 마치더니
꿈까지 소실점으로 그렸다

한 해를
멋지게 그리려 했다 그런데
점점 소실점화 되어 가더니

너마저
소실점이었다

아니 너는 늘 소실점이었다. 항상 바라보는 그곳의 끝에

네가 서 있었다. 너를 알고 소실점을 배웠다. 붓을 들고 너를 그리는 시간은 무척 짧았다. 금방 그릴 수 있었다. 하지만 그려진 너를 바라보는 시간은 오래 걸렸다. 소실점이 움직인다. 한 해가 움직인다. 그 커다란 세계가 그리움마저 잡아먹는다.

   오늘 나는 소실점을 꾹 눌러 찍었다
   그리고 그곳을 한참 바라보았다

그럴 수 있다면

"충성! 임무 완수하고 돌아오겠습니다."
오래전
이 땅에 올 때 했던 인사

언젠가
세월 지난 후
"충성! 임무 마치고 돌아왔습니다."
할 수 있을까?

그럴 수 있다면

달빛

새벽녘으로 찾아온 달빛
옥탑방 창틈을 비집는다
얼마나 고운지

조용히 일어나
혹 날아갈까 조심스레
양손으로 감싼다

양손을 물들인 빛깔이
달의 빛일까
님의 빛일까
과학적 근거를 대며
곰곰이 생각해 보지만

세상은 아직 깨어나지 않았고
하늘은 천사의 노래로 충만하다

우주는 서서히 님의 존재를 달고
새롭게 열리고 있다

나무의 일생

공장에 심겨진 나무는 공장 일을 한다

자동차 공장에 심겨진 나무는
자동차를 만들고
제철소에 심겨진 나무는
평생 쇠를 달구며 살아간다

존재하는 곳에서
존재의 이유로 살아가는 나무

길가의 나무는
길을 안내하고
숲속의 나무는
푸르름을 안내한다

직선으로 자라도
곡선의 삶을 살고
비탈진 곳에 있어도
삐딱하지 않은 나무의 일생

세상에 뿌리 내린 나무는
세상에서
세상을 사랑하며
평생을 살아간다

어느 어르신의 바다

바다로 난 길
길을 따라 걷는데
길가에 앉아 계신 어르신
길을 물어도
잘 안 들린다 하시면서
옆으로 오라 하신다

옆에 앉아 큰 소리로 되묻는데
어르신은 바다 이야기를 하신다
옛날 아주 먼 옛날, 소싯적
젊은 바다 이야기

눈은 끊임없이 바다를 향하신 어르신
이야기가 한없이 길어질 것 같아
자리에서 일어나
깊은 인사를 한다
— 해가 뜨거우니 그늘로 가세요
　저는 일어서겠습니다

어르신의 눈은 바다였다
그 바다에도 파도가 일고 있었다

바닷가 동네

바다랑 이어진 동네엔
해녀랑 등대랑 산다

가끔 낚시꾼들이 찾아와
바다의 꿈을 낚아가는

오밀조밀한
조그만 동네

어르신 한 분이 햇빛에 앉아 계신다
평생 바라본 바다

꿈을 꾸는 것은
아가만은 아닌가 보다

바다는 가끔 옛날을 데리고 오지만
동네엔 어르신만 파도를 넘는다

태풍 힌남노*

인공위성에 찍힌
동그란 눈 하나

손발 다 떼고
머리와 몸통까지 모두 떼고

기껏 눈 하나 오는데
온 나라가 들썩인다

이웃 나라까지
초비상이라 하니

만약 눈이 두 개라면
아니 몸통까지 온다면

두려움과 위대함, 경이로움
자연의 또 다른 이름이다

작고 나약함의 존재
겸손해야 한다는 것을 다시 배운다

* 힌남노: 2022년 8월에 발생한 11호 태풍

지하철 5호선을 타고

(무엇을 보지 못하는 것일까)

지하철 문을 열고 앉았다
앞좌석의 얼굴이 보인다
멍한 눈길과 다리를 떨며
핸드폰 속으로 들어간 얼굴들
열차는 떠나고 역마다 문이 열리고
내리고 타는 무표정 속, 한쪽 끝에
가방 메고 서 있는 우울한 어깨를 보았다

(잠깐, 내가 여기서 보지 못한 것은 무엇일까)

나의 약속은 편안히 실려 가고 있었다
막 내린 온기 있는 빈자리가 보였고
그 자리가 좁디좁은 것을 보았다
그 자리에 졸고 있는 청년이 앉았고
무거운 짐을 들고 빈자리를 찾는 아줌마의 찢어진 눈을 보았다
칭얼거리는 아기를 안고 있는 젊은 여인을 보았고

그 옆자리에 말없이 핸드폰을 바라보는 그 여자의 남자를 보았다
　닫히는 문 사이를 비집고 타야 하는 사람의 발에
　문이 다시 열렸다가 짜증나게 닫히는 것을 보았다

(내가 여기서 무엇을 보지 못한 것일까)

아무 일도 일어나지 않는
평범한 오후 지하철 5호선 안

나는 동그랗게 눈 뜨고
주변을 어슬렁거리며 보았지만
수많은 발들이 왜 어디로 가는지는 볼 수 없었다
이 5호선 지하철 안에선 도무지
바다도, 구불거리는 길도, 히말라야 산도 보이지 않았다

동검도에 와서

준비해 간 음식물을 펼치니
돗자리 위로 가득이다
여자들은 늘 수다도 준비하나 보다
햇살 가득한 수다
돗자리 한끝
엉덩이만 겨우 걸친다

돗자리만 내 세상은 아닌데
좁히고 좁혀
같이 앉혀진 곳
그래서인가 지구는 좁다
해는 가물가물 지고
밀려온 바다는 다시 밀려간다
잠깐 걷는 길에 아버지가 오셨다
작은 돌 하나 들어 멀리 던진다
던져진 추억은 이내 바다가 된다

갈매기는 날아야 하는데
자꾸 인간 곁으로 부리를 들이밀며 온다

바닷물이 떠나는 그곳에서
여자들은 갈매기 몸짓을 한다
양팔을 벌리고 날아보려 하지만
몸은 무거워 웃음소리만 날아간다

물은 벌써 저만큼 달아난다
서서히 닫혀가는 빛의 세계
바쁘게 집으로 향하는 바닷물은
어둠이 오기 전 도착하려 페달을 밟는
우리의 인생과 닮아 있었다

별량면 호떡 아저씨

순천에서 벌교 가는 길
별량면엔 호떡 파는 아저씨가 있다
이곳에 온 지 3년째 호떡을 굽고 있다
3평 남짓 호떡집 메뉴는
달달한 단호박호떡과
당뇨 환자를 위한 쑥호떡
그리고 시원한 오뎅으로
가격이 걸려 있다

하지만 호떡집 아저씨 인생 메뉴는
내가 한 개의 호떡을 다 먹을 즈음에 나왔다
젊었을 때
돈 무서운 줄 모르고
펑펑 쓰며
남의 빚보증 도맡아 한 죄가
아내랑 이혼하고
홀로 호떡 안에
자신을 굽는다 한다

국토순례 중에 만난
호떡집에선
호떡 메뉴보다
호떡집 아저씨 메뉴가
더 달달하게 느껴졌다

선풍기

선풍기가 죽어 있다
이미 말라 박제된 듯
변하지 않는 표정
그의 핏줄에 돌던 그 짜릿한 기운은 분리된 채
방 한쪽 구석에 누워 있다

젊었을 때 그는 시원했다
사람들 사이에 평판이 좋은 시원한 존재였다
그 좋은 성품의 소유자를 누군가 죽였다

누가 죽였나 범인을 찾아야 한다
난 셜록 홈스 같은 탐정이 되었다
예리한 눈을 번뜩이며 돋보기를 들이댄다

이곳은 나 혼자 사용하고 있는 서재
일단 죽은 시기를 봐야 한다
얼마 전 갑자기 날씨가 추워졌을 때쯤으로 추정된다
그리고 이곳은
높은 곳 외따로 떨어진 옥탑방

범인을 압축해 보자
외부 사람?
아닌 것 같다
그가 침입했다면 선풍기만 죽이고 갈 일이 없기 때문이다
여름 내내 이곳에만 살았던 그가
외부 사람과 원수를 맺을 일이 없고
없어진 물건은 하나도 보이지 않는다
그럼 아이들?
아이들은 이 방에 오지 않은 지 오래되었다
그럼 두 사람으로 좁혀진다
아내와 나
아내는 가끔 차를 들고 온다
하지만 와서는 찻잔을 내 옆에 두고 내려간다
그럼 남은 용의자는 나 하나뿐이다
가을이 깊어갈 즈음 자백을 받을 수 있었다
나는 용의자인 나를 취조했다
집요한 취조에 드디어 자백을 받아낸 것
그날, 여름이 지나고 가을이 와 서늘해진 날
선풍기의 목숨을 끊었다고 한다

이제는 필요하지 않아 그랬다 한다
얼굴은 당연하다는 표정이다

얄밉도록 계산적인 우리의 삶
너의 시원한 것을 좋아하며 옆에 두었다가
어느 순간 너의 시원함에 질렸다며 단절한다

하지만 난 나를 법정에 세우지 못한다
물리적 증거는 불충분하고 심증만 있을 뿐
다만 우리의 마음의 법정에서
난 유죄이다

나는 범인을 잡고서야
죽어 있는 선풍기를 염한다
깨끗이 씻기고 마른 헝겊으로 물기를 모두 닦은 다음
비닐로 만든 관 안에 넣는다

선풍기가 죽어 있다
없으면 못 산다고

그렇게 좋다던
늘 옆에 두었던 너를
이제는 필요 없다고

필요 없다 느끼는 삶의 조각들을
자신의 삶에서 분리하며 살아가고 있다

버스 안에서

그날 어버이날이었다
카네이션보다 짙은
눈물 같은 느낌표
가슴에 매달린 날

용마로 고개에서 신촌으로 가는 어느 버스 안
뒷좌석 목소리가 떨린다
-엄마, 엄마는 왜 내 얘기 안 들으시는 거예요
통화하는 목소리는 끝내 울음이 터진다
-그게 아니잖아요
-그래서 내가 얼마나 열심히 살고 있는데
-엄만, 전화할 때마다 그냥 끊으시잖아요

우리는 왜 늘 사선일까
눈은 분명 정면을 바라보는 것 같은데
걸음은 왜 게처럼 서로 옆으로만 비껴갈까
-그럼, 제가 어떡하면 돼요
설움조차 지난 자조적인 목소리
전화 너머 엄마의 목소리는 들리지 않는다

삶은 항상 그러하다
한쪽의 목소리 들리지 않고
서로 옆으로 비껴 지나간다
세월은 버스처럼 달리고
내릴 곳이 오면
삶의 서러움 짊어진 채
우리는 벨을 눌러야 한다

목소리는 조용히 흐느꼈고
친구 만나러 가던 나는
카네이션보다 짙은
눈물 같은 느낌표를 가슴에 달았다

국토 순례길, 울진에서

오늘은 경북 울진입니다
순례길에, 잠시 머무는 곳
걷다가 내일은
또 다른 곳에서 머물겠지요

사랑하는 그대여
삶의 길에서
그대 안에서 잠시 머물겠습니다
수고스럽더라도
따뜻함으로 맞아주시길

떠날 때
그 감사함
평생 가지고 살겠습니다

2부_ 나에게 물을 것 있다면

봄 오는 소리 • 꽃샘추위 • 가지고 싶은 것 • 달동네에서
빨래 • 꽃구경 • 우수에는 • 그녀의 마당 • 전차 앞에서
좁쌀만 한 마음 • 나에게 물을 것 있다면 • 청소하는 사람
외계인을 위한 최초 시 • 맑고 푸른 마음 • 베네치아
아유슈비츠 수용소 • 강원도 소나무 • 도시의 무법자 • 봄 추억
상수리나무의 가을 • 가을 그리고 나뭇잎의 눈물
나무가 말을 할 줄 알았다면 우리는 숲으로 갔을까
겨울바람 사는 곳에 • 새 울음소리 • 하트 • 어느 일생

봄 오는 소리

내 마음
너에게 들키고 싶어
슬쩍슬쩍 바라보았는데
살짝살짝 다가갔었는데
두근두근 말 걸었었는데

꽃샘추위

꽃을 사랑하는 까닭에
사람들은 꽃샘추위를 미워한다

하지만 꽃샘추위는 땅이 토해 내는 이별의 고통이다
겨우내 그 가슴 안에 꽁꽁 심겨 있던 것
행여 추워 감기 걸릴까
행여 오랜 숙면에 영원히 잠들어 버릴까
고이 품어 왔던 것들
이제는 다 컸다고
땅을 벗어나 나오려 한다

그 땅의 아픔
땅의 숙명
내줘야 하는 선한 이별에
꽃샘추위는 아름다운 혼자만의 고독이다
땅이 앓는 심한 몸살이며
이 땅의 선한 것들이 겪어야 하는
쓰디쓴 해산의 고통이다

가지고 싶은 것

내가
세상에서
가지고 싶은 것은

정말
훔쳐서라도
가지고 싶은
단 하나는

너의 마음이야

그거
봄인데
나에게 줄래

달동네에서

어느 달동네를 걷는다. 이곳에
떨어져 있는 많은 가난을 주우면
저들의 가난이 없어질까

어느 집에 들어가
케케묵은 빈곤을 닦아내면
빛으로 채워질까

내 안에 부산한 모양
하나씩 정리하면
편협한 마음 없어질까

모두 함께 사는 세상이라는데
나는 편협하고
너는 가난하니

언제 시가
빛처럼 영롱해져서
우리 모두 행복할까

빨래

깨끗해지기 위한 참회의 자리는
참으로 숭고하다

널려 있는 빨래 아래로
눈물이 뚝뚝 떨어진다

삶에 겨워 지친 옷가지도
때마다

저렇듯
참회의 자리에서 아파하는데

저들을 보며
내 마음이 울컥인다

꽃구경

지리산 산수유
군항제
여의도 벚꽃 축제
영취산 진달래

미안합니다

내년 봄이
허락된다면

마음 안에 꽃을 피워
그대

멀리 꽃구경 가지 않고
내 마음 안에 있게 하겠습니다

우수에는

하늘의 얼음이 녹아
은하수 되어 흐르고
대지의 차가운 기운도
물처럼 풀린다 하니

우수엔
차고 단단한 너의 마음
조심스럽게
두드려 봐야지

그녀의 마당

바닷가, 그녀는 거기 산다
그녀의 집은 파도가 치는 곳에 있다
가끔 길 잃은 갈매기가
그녀의 마당에서 쉬어 간다

처음 그녀를 만났을 때
그녀에게서 바다의 향기가 났다
푸른 바다 향기는 그녀의 고향이
바다인 것을 알려 주었다

파도는 매일 그녀의 집
마당에서 놀다 돌아간다
그래서인지 그녀는 파도의 노래를 부를 줄 안다
그녀가 부르는 파도의 노래는 서글프다

그녀의 마당엔 파도만 있는 것이 아니다
소라 껍질 하나가 밤사이
몰래 마당에 숨어들었다
날이 밝자 소라 껍질은 깊게깊게 숨지만

소녀는 마당에서
소라 껍질을 찾아내
하나는 입가의 보조개로
하나는 예쁜 엽서로 우체통에 넣는다

바닷가, 그녀는 거기 산다
가끔 그녀를 보러 거기 가지만
마음을 들키지 않으려
파도처럼 조심조심
그녀의 마당만 서성이다 돌아온다

전차 앞에서

오늘 그대에게
광화문 서울 역사박물관 앞 전차에서
만나자고 했다

그 전차를 타고
옛 시절, 전차조차 구경거리였던
시절로 돌아가려

밤새 김밥을 꾸리고
두근거리는 마음으로
표도 준비했는데

막상 도착해 보니
전차는 고장 나 있고
옛날로 갈 수 있는 길이 없었다

가지고 있는 표로 아무리 우겨도
옛날은 고장 난 마음으론
돌아갈 수 없는 순수한 세계인가 보다

다만 둘러앉아
너와 나의 옛 시절이 그립다 하니
하늘에선 방울방울 빗방울이 떨어진다

좁쌀만 한 마음

너무 덥게 한다 해서 해에게
헤어지자 통보했어요

종일 축축하게 만들어서
비에게 그만 보자 얘기했어요

어제는 바람이 몹시 불어
바람에게도 이별을 말했어요

작은 것 하나 용납 못하는 마음
저들의 넉넉한 마음 없었다면

아마 나의 삶은
긴 터널 속 건조함 안에 있었을 거예요

나에게 물을 것 있다면

내 마음 너에게 갔으니
나에게 묻지 말고
너에게 물으렴
나에게 물을 것 있다면

청소하는 사람

거리를 쓸고 있는 아저씨 옆으로 다가섰다

나를 힐끗 본 아저씨 내게 말한다
"조금만 옆으로 비켜 주시겠습니까?"

나는 아저씨의 두 눈을 마주보며 말했다
"제 마음도 함께 쓸어 주실래요?"

물끄러미 나를 쳐다본 아저씨

"그럼, 이리로 마음을 내어놓으면 내가 쓸어 드릴게요."
아저씨의 눈은 하늘색이었다

마음은 분명 내 것인데
어떻게 꺼내야 할지 몰라
왔던 길로 조용히 돌아섰고

한참을 걷다 돌아보니
아저씨는 계속 지구의 모퉁이를 깨끗이 쓸고 있었다

외계인을 위한 최초 시

%&*#@! $%^~##
※×「↓→ £¥♂∞∝∂
∃≒±∧≫ ∂※∴⋯&@
∧∞∃♂£± ≫≒∂¥※
§∴≠◇【∀ ∬¬♡¤∑‡
#◐←ööд◬⌒ ∅∃♡

고민하고 또 고민하여
화평하고 정의로운 시를 썼다
외계인을 위한 시다
훗날 외계인들 사이에서
지구인의 시가 읽힐 것이며
이 시로 인해 외계인과 지구인과의
사랑과 평화가 형성될 것이다

맑고 푸른 마음

누군가요
누가
저 하늘을 말려 놓으셨나요
맑고 푸른 하늘

비 오고 구름 껴 질퍽였던 하늘
그 우중충함
누가 젖은 하늘 비틀고 꼭 짜서
물기 없이 말려 놓으셨나요

삶이 가져온
애달프고 슬픈 마음 말려줄 사람
가만히 부탁하려
하늘을 말려준 사람 찾는데

그대 얼굴
가슴을 스치며 지나갑니다

베네치아
– 유럽 여행을 마치고

작년에는 올해
행복을 예약했습니다
'내년에는 행복해야지' 하고

어제는 오늘
행복을 예약했습니다
'내일은 행복해야지' 하고

행복은 다시
내년으로 가더니
또 내일로 멀어졌습니다

내년이 행복하려면
내일이 행복하려면
오늘이 행복해야 한다는 것을
그대의 아름다움을 보고 알았습니다

아우슈비츠 수용소

폴란드 아우슈비츠 수용소를 찾았다

죄지은 자를 수용하기 위한 곳이 아니라
미워하는 존재를 말살하는 시설이었다

동유럽 여행은 여기가 끝이었다
마음은 다른 곳에 가지 못하고
그곳에 갇혀 아파하고 있었다

돌아보니 내 안에도
아우슈비츠 수용소가 있다
마음 한켠에 커다란 철책으로
미워하는 자를
용납할 수 없는 자를 선별한다

삶은 늘 선별하는 방식에
익숙해져 있었다

폴란드 아우슈비츠 수용소를 찾았다

그곳엔 삶의 끝자락에 선
사람들의 아픔이 곳곳에 배어 있는데
내 안엔
나의 아픔이 곳곳에 배어 있는
아우슈비츠가 지워지지 않은 채 존재하고 있다

강원도 소나무

내가 사는 옆
새 아파트 단지로
소나무가 이사 왔다

집들이한다기에
다정한 마음
가벼운 발걸음 다가갔다

—어디서 이사 오셨나요
당연한 질문이지만
정말 궁금한 것을 물었다

그의 자태는 높고 커다랗고
범상치 않은 기운이 있었다

—강원도에서 왔어요
  아직 적응이 안 되네요
나는 그가 살던 곳의 얘기를 해 달라고 했다
그는 오랫동안 조용했지만

나는 조금도 그의 곁을 떠나지 않았다

내가 사는 옆
새 아파트 단지로
강원도 소나무가 이사 왔다
집들이 때
그가 살던 곳 이야기를 들으며
그곳 꿈을 꾸었다
이제는 나무의 향수가 어린 그곳이
내 꿈이 되었다

도시의 무법자

오늘 멋진 총을 구입했다
그래서 그녀를 겨누고
드디어 방아쇠를 당겼다

총알은 그녀의 심장에 박혔고
그녀는 고통스러워하며
바닥에 뒹굴었다

나는 총질하는 것을 배웠다
그녀의 가슴에 총질을 하며
내 존재감을 과시했다

총질은 늘어났고
더 좋은 총을 구입하기에 애썼다
그런 날이면 어김없이
그녀의 가슴에 총질을 해 놓았다

총에 맞아 괴로워하던 그녀
어느 날부터 그녀도 총을 구입하더니

결국 우리는 황야의 무법자처럼
시시때때로 결투를 벌였다

너덜너덜해진 하루
오늘도 성능 좋은 총을 구입하러
집 안 곳곳을 헤매는 나는
집 안의 무법자이다

봄 추억

그날 아내는
친구들과 여수 가는 길에 올랐고
나는 심술궂은 봄을 붙잡고 있었다

며칠을
사람들의 꽃구경에 삐진 봄이
바람을 불러와 꽃잎을 훼방하고
제법 여수행 아내의 옷깃을 세우게 하였다

아내는 조잘조잘 여수로 향했고
혹 이렇게 심술궂은 봄이 따라나설까
진한 커피향 따뜻한 찻잔에 담아
흥얼흥얼 봄노래를 불렀다

그해 봄은 그렇게 아슬아슬 지나갔다
아내의 여수는 반짝거렸다

상수리나무의 가을

윗가지에서 떨어지는 나뭇잎 하나가
아래 가지 잎새 위로 살포시 내린다
함께했던 아름다운 순간을
위의 나뭇잎이
아래의 나뭇잎들에게
감사의 이별 인사를 하나 보다
이별도 아름답게 하는 가을빛이
서서히 사그라드는 오후
상수리나무는 조금씩 침묵으로 들어간다

가을 그리고 나뭇잎의 눈물

나뭇잎도 운다
나뭇잎의 눈물이 아름다운 이유는
참을 줄 알기 때문이다
참다가 참다가
비 오는 날 눈물이 아닌 것처럼 운다

누가 이별도 익숙해진다 했는가
익숙해진 이별은 이별이 아니다

비가 오면 나뭇잎
참았던 슬픔에 몸을 떤다
그리고는 조용히 맑은 눈물을 떨군다
그 순백의 영혼에 깃든 작은 참새 한 마리 애처롭다

비 올 때 몰래 우는 나뭇잎 슬픔을
나무도 알기에
나뭇잎이 울 때 몰래 아주 몰래
자신의 몸에 눈물을 적신다
나무도 나뭇잎도

조용히 아주 조용히 슬픔을 갈무리하기에
저들의 이별 준비가 더욱 애처로운가 보다

깊어가는 가을엔
나무는 나뭇잎과
나뭇잎은 나무와
잠잠히 아름다운 이별 준비를 한다

나무가 말을 할 줄 알았다면
우리는 숲으로 갔을까

떡갈나무가 상수리나무가 소나무가 말을 했다면
우리는 숲으로 갔을까

아주 오랜 옛날 나무가 처음 숲이 되었을 땐
나무도 말을 할 줄 알았대요
나무들은 옹기종기 모여 있었기에 조잘조잘 재미있었나 봐요
하지만 멀리서 날아온 새들도
푸른 물결 좋아 숲으로 들어온 바람도
저들의 소음이 싫었나 봐요
새도 바람도 더 이상 오게 되지 않자
먼 곳의 소식을 들을 수 없는 나무들은 외롭기 시작했습니다
서로가 서로를 미워하기까지 했대요
하루는 나무들이 모여 회의를 했답니다
그리곤 이렇게 기도했대요
우리에게 침묵을 주세요라고

나무는 침묵하기 시작했고

그 침묵을 본 새와 바람, 토끼와 계곡물까지 숲으로 왔답니다

겨울바람 사는 곳에

겨울바람 사는 곳에
따지러 간 나무는
머리가 뽑힌 채 돌아왔다

성격이 사납다고 들었는데
그 정도일지 몰랐다
나도 오늘 겨울바람을 만난다

그의 마음 건드리지 않으려
털모자에 털장갑
목도리까지 챙겼다

그래도 겨울바람 사는 곳에 와야
만나는 것들이 있다
겨울바람도 다정한 것이 있어
그 다정함을 나는 찾는다

새 울음소리

어른이 되기 전엔
알 수가 없었습니다
새들의 지저귀는 소리를
왜 새 울음소리라 했는지

그런데 어른이 된 지금도
모르는 것이 있습니다
새 울음소리가 왜 다른지

비둘기
꾀꼬리
또 이름 모를 새가 울고 갑니다

그대와 나의 울음소리도
저렇듯 다른가요
내 울음소리만 들었지
그대 울음소리 듣지 못했기에

머리만 어른인 나는
새소리 나는 하늘만 바라봅니다

하트

하트 한 덩어리
꿀꺽 삼켰습니다
얼굴이 붉어지고
가슴이 뜨거워지더니
잠을 설칩니다
눈물이 많아지고
까닭 없이 가슴이 뛰고
숨이 가빠져
아무것도 할 수 없게 되었습니다

다시 병원에 찾아가
잘못된 처방을 얘기하지만
의사 선생님은 빙긋이 웃을 뿐입니다

삶이 건조해지고
마음에 미워하는 사람이 자라고
까닭 없는 고독에
의사 처방을 받은 건데

이제는 뱉으려 해도
세월 속에 녹아
삶이 아파서
다른 처방이 필요한데
빙긋이 웃는 의사 선생님이 얄밉습니다

어느 일생

이른 아침
한 사람
꿈꾸듯
병원에서
깨어난다

날이 환해졌을 때
잠시 밖으로 산책 나가
여기저기 기웃거리다
아마 이때쯤 사랑도
아마 이때쯤 미움도

그러다 어둠이 밀려오면
하얗게 밀려오면
있던 곳
돌아와
국화 향
작은 몸 덮고
깊이 잠든다

3부_ 물속의 달을 사랑한 사람

이정표 • 봄강 • 별에게 바람에게 • 입춘, 어제 이야기
낙엽 줍는 여인 • 빗방울 • 물속의 달을 사랑한 사람
여행 중 • 그리운 너 • 그리움 • 연잎이 피면 • 벌초
여수 앞바다 • 한마디 말 하나 • 가슴폰 • 하나의 바람
굿나잇 • 하굣길 풍경 • 어! 언제 이사했나요
세상 것 주고 싶은데 • 귀 기울이면

이정표

지난해 봄이 다녀갈 때
혹 길을 잃어 다시 못 올까 해서
길목마다 마음마다
이정표를 해 두었습니다
다행히 잊지 않고
예전처럼 다정한 모습으로 와 주었습니다

그대 향한 그리움
그곳에도 이정표를 해 두렵니다
그러면 사랑도 잊지 않고
많은 세월
곁에 올 수 있으니까요

봄도
사랑도
길치입니다
그래서 섬세함이 필요합니다

봄강

나는 작아서인지
그대 들어오면 꽉 차요
내 안에 꽉 찬 그대
그럼 그대가 꼼짝하지 못해야 하는데
내가 아무것도 못해요

어제의 양수역
기차가 서니
봄이 왔어요
마중한 그대
북한강 줄기 따라
휘파람 불어요

흐를수록 짙어지는 것은
그대 향기
그 영혼의 향기를
맡았기에
봄강이
자꾸 그리워지네요

별에게 바람에게

별에게 부탁했어요
바람에게 부탁했어요

봄 오면
나 거기서 기다리고 있겠다고

그런데 그 애
속삭이는 별의 말을 몰라
바람이 전하는 말을 몰라

봄에 홀로
거기서 홀로

내 그리움만 동그랗게
아주 동그랗게 피었다가 져요

입춘, 어제 이야기

누군가 뒤에 와서
눈을 가리며
'누구게'라고 묻는다
참 따뜻하고 짓궂은 목소리
'그리움'이라고 하려다가
'모른다'고 했다
살짝 삐진 봄

어제 이야기다
봄이 온 것이다
냄새도 없이 형태도 없이
불쑥 와서 주변을 돌아보게 한다
막 태어난 아가의
그 맑고 깨끗한 눈으로
봄이 들어간다

낙엽 줍는 여인

생각 없이 걷다 보니
길을 잘못 들었다

여인은 낙엽을 줍고 있다
고조곤히 앉아 가을을 줍는 여인의 등 뒤로
지나가는 한 줄기 바람

어디쯤일까
묵혔던 고개를 드니
굽이굽이 오솔길
가을이다

가을을 주우면
나도 가을이 될까
잃었던 길을 찾을 수 있을까

나의 가을은
늘 아파하는 존재의 그리움이다

빗방울

도시에선
전깃줄에 빗방울이 맺혀요

비 온 뒤
참새처럼 매달려요

비 올 땐 그대도
물방울처럼 전깃줄에 매달려요

빗방울이 하나에서 하나가 합쳐질 때
그리움이 하나에서 하나가 합쳐질 때

빗방울처럼
나도 땅으로 주저앉는답니다

자세히 보세요
도시에선
빗방울도
그리움도

우리의 사랑도
전깃줄에 방울방울 매달린답니다

물속의 달을 사랑한 사람

고개 들면 너무 멀어
고개 숙여 그댈 보니
아른아른 꿈결 같아라
나뭇잎 같은 쪽배
인생의 바람에
가붓가붓 나부낌이여

작은 눈빛 주고받을 때
일만 번의 물결이 일어
두고 온 인간 세상
깜박깜박하더니
물속의 달을 사랑한지라
들어가 나오지 못한 어느 사내

나도
그대에게 들어가고자
혼신의 힘을 쏟았는데
결국 아련한 물속이니
내 그리움도 그 안에서 잠든다

여행 중

누가 내게
마알간 얼굴로

뭐 하냐고 물으면
'여행 중'

어디냐고 물으면
'여행 중'

왜 통화도 안 되냐고 물으면
'여행 중'

아직 그립냐고 물으면
하늘 한참 쳐다보다

'여행 중'

그리운 너

자꾸 움트고 나와요
꾹꾹 눌러 땅 깊이 묻어 놓았는데
삐쭉삐쭉 고개를 들어요
그립다는 말
너무 가슴 시려
묻고 또 묻었는데
가다가 돌아서서 울고 또 울었는데
자꾸 근질근질해져요
두껍던 세월
껍질 얇아지며
두근두근거려요
봄인가 봐요
얄미운 봄인가 봐요
자꾸 안에서 움트고 일어나요

그리움

너에게
가고 싶어
네비*를
켜는데

너의 마음
몰라
네비가
혼동하네

생각하다
생각하다
그리움으로
검색하니

6월이
온통
푸르름으로
짙어오네

* 네비: '네비게이션'의 준말

연잎이 피면

그 잎 벌어지면
심청*이 나오는 동화처럼
내 사랑
동그랗게 나오니
비 오면 굴러다니는 빗방울
연잎에 모아져
무거워서
마음 숙여 덜어내고
다시 덜어내는 그리움

연꽃 피면
심청 같은 동화가
연꽃에서 피어나니
맑은 눈물
조금씩 덜어내야
비로소 서 있는 사내
그리고 하루

* 심청: 심청전에 나오는 주인공

벌초

낮에도
밤에도
막 자란 그대 생각
발 디딜 틈 없어
어젠
벌초기로 깎았습니다

하늘엔 흰구름이
또 두어 마리 잠자리가
벌초를 도와주었습니다

풀향 같은
상큼한 그대
이제 그대 생각이 와도
누워 하늘을 바라볼
푸르고 다정한 공간이 생겼습니다

여수 앞바다

여수
그 푸른 바다
그 깊은 곳엔 그녀가 살고 있다

여수
푸른 바다
그곳을 지나는 사람들은

그녀의
황홀한 노랫소리에
아픈 사랑에 빠진다

오월 어느 날
그 맑고 구름 한 점 없던 날
여수 앞바다를 지나던 나는
아뿔싸 그녀의 노랠 들었다

그녀의 슬픈 노랫소리는 나를
여수 앞바다에 묶어 놓았고

가슴에서 붉은 것을 토해내게 했다

오동도 동백
여수 앞바다를 지나던
그 많은 사람들의 핏빛 그리움이니
내 영혼도 그곳에 핏빛으로 핀다

여수 앞바다
그 깊은 곳엔
그녀가 살고 있어
해마다
지나는 사람의 전설이 된다

한마디 말 하나

오래전 내 안에서
태어나고 자란 말 한마디

여기저기 다니다가
그대 앞에서 멈춰섰습니다

'사랑해'라는 말
이젠 당신 것이 되었습니다

그리고 나는
그리움이란 말 하나 얻었습니다

가슴폰

하늘에 별 하나 지워지면
내 핸드폰에 전화번호 하나 지워져요

겨울, 추위가 막 시작될 때
폰에서 이름 하나 지웠어요

폰이 닿을 수 없는 곳
그곳으로 가버렸기에

하지만 그대 이름
가슴 한곳으로 옮겼어요

앞으론 폰이 아닌
가슴으로 연락해야 될 거예요

그대 무지무지
보고플 때

가슴으로 연락하는
내 그리움 받아주오

하나의 바람

보고 싶습니다
먼 나라 인도
별이 보이는 베란다 어느 곳에서
당신을 생각합니다

하고픈 말 너무 많은데
나조차 그것이 무엇인지 모르기에
긴 편지의 처음도 아직 시작하지 못했습니다

대신 우주가 나를 품고
별이 나에게 속삭이기에
홀로 마실 차 한 잔 끓입니다

산다는 건
삶이라는 것은
정말 뜻대로 되는 것이 아님을
이 밤은 차 한 잔에 담으렵니다

별은 초롱초롱 빛나고

그리움은 짙어집니다
당신이 한없이 그리운 것을 보면
지금 당신 곁이 아닌가 봅니다
이 그리움 언제 끝날까요
그대 곁이면 다할까요

삶에서 자랑하고 싶은 것은
내 안의 고요
그것뿐인데
왜 이리 삶은 자꾸 아파올까요
밤은 깊어 갑니다

굿나잇

밤이 깊었습니다
굿나잇입니다
따뜻한 은혜 가슴 덮고
깊은 잠 속으로 들어갈 시간

오늘 그대 때문에 행복했음을
잔잔한 감사 전합니다
곱게 빗긴 어둠 사이
천사의 노래 밤하늘 빛나고

사랑하는 님이여
그대의 까만 눈동자에
들어 있는 수많은 별들
내 꿈이 되었음을

굿나잇입니다
내일 굿모닝을 말하기 위해
오늘 그만
설레는 그리움 재우려 합니다

그대여
이 밤
행복한
굿나잇

하굣길 풍경

아빠와 함께 걷고 있다
학교 정문 앞 아빠를 보고 달려온 아이
아빠 앞에서는 멈칫거렸다
키가 큰 아빠
걷다가 아이가 묻는다
—아빠, 게임하는 거예요
—아니
아빠는 대답은 했지만
핸드폰에서 눈을 떼지 않고 걷는다

시무룩한 아이
몇 번을 올려다본 아이는
아빠보다 고개를 더 숙인 채
옆에 서지 못하고
아빠의 꽁무니로 사라진다
아빠의 하굣길은 언제나 핸드폰과 함께 오고
아이의 하굣길은 언제나 그리운 아빠의 모양과 함께 온다

어! 언제 이사했나요

깜짝 놀라
그대에게 전화했어요

오늘 새벽하늘
무심코 바라다본

달이랑 별이랑 꿈이랑
살고 있는 동네

그런데 그대가
아련히 보여요

어! 언제 이사하셨나요

세상 것 주고 싶은데

사랑밖에 몰라서
그런 못된 것만 배워서
세상이 주는 것 주지 못하고
밤새워 퉁퉁 부은 그리움만
너에게 보내니
미안하다는 말조차
얼마나 가난한지
꿀꺽 삼켜져
안개꽃 한 무리로 피어오른다

귀 기울이면

아침에 조잘대는 참새 소리
해지고 어두워지면
까맣게 되어 보이지 않는다
그대 소린가
귀 기울이면
상수리나무 잎
바람을 반기는 소리
귀 기울이면
주변 모두 얘기하는데

기다리는
그대 톡만 잠잠하다

4부_ 예쁜 천사

닮아가는 이유 • 주머니 안의 작은 동전 • 산속의 외딴 집
봄비를 바라보며 • 봄은 어디서 오나요 • 봄밭으로 가자
가을 동화 1 • 가을 동화 2 • 너의 목소리 • 한가위 • 보름달
숲으로 가고 싶다 • 단톡 • 시소 • 평평한 지구에 대한 꿈
천 번의 굿바이 • 쌀의 꿈 • 앵무새처럼 • 사랑, 그대에게
샐러드 • 삶은 달걀 • 별 여행 • 홍시 • 영수증
그녀의 핸드폰에는 내 이름이 택민 씨로 저장되어 있다
신부 입장 • 예쁜 천사

닮아가는 이유

어젠 아내와 막국수 먹으려 외출했다
나는 김치 막국수를 주문했고
아내는 비빔막국수를 주문했다
아내는 자기 앞의 막국수 일부를 내주고
내 막국수의 일부를 가져다 먹는다

늘 외식할 때마다 한 식당에서
같은 메뉴를 시키지 않는다
다른 메뉴로 서로 조금씩 내어주며 섞어 먹는다

오랜 세월
섞어지고 나눠주는 삶
아내와 내가 닮아가는 이유이다
그 아픔까지 닮아가는 이유이다

주머니 안의 작은 동전

나는
주머니 안의
작은 동전이 아닌데
그대는
봄 오는 어느 날
다른 일에 열중하다가
어느 길가에선가
어느 나무 밑에선가
어느 시장 골목에서
나를 잃어버렸다

내가 얼마나 하찮은 존재인지
어느 길가에선가
어느 나무 밑에선가
어느 시장 골목에선가
찾아주기를 간절히 고대하지만
찾는 시늉조차 하지 않는 그대는
모나리자의 알 수 없는 미소를 닮았다

누군가는 잃어버린 사랑에
혹한의 삶을 버텨 보려 하지만
그대의 주머니 속 동전 같은 내 사랑은
세월에 묻혀 서서히 녹슬어 갈 것이고
내 그리움은
어느 길가에선가
어느 나무 밑에선가
어느 시장 골목에선가
피었다가 이내 질 것이다

산속의 외딴 집

산속 홀로 있는 집은
얼마나 외로울까

그 어떤 외로움 앓는 이가
이곳에 집을 세웠을까

숲가의 푸르름 찾으러
숲속 집 찾았는데

몸에 배인 것은
푸르른 외로움

길에 다니는 푸른 외로움들은
홀로 된 집에서 나온 사람들이니

내 사랑 그대여
그 맑고 깊은 사랑으로

우리의 푸르름은 놔두고
깊게 배인 외로움만 지워 주시길

봄비를 바라보며

창가에 앉아
봄비를 바라보니
다정한 생각이 듭니다

문득 스치는 생각 하나
이 봄 지나가면
얼마나 많은 봄을 볼 수 있을까요

봄을 닮은 그대여서
그대에게도 살짝 묻게 됩니다
앞으로 얼마나 그댈 볼 수 있을까요

봄비는 말없이 떨어지고
먹먹한 가슴엔
애틋한 생각 하나 피어납니다

봄은 어디서 오나요

봄은 어디서 오나요

하늘에서 날아오는 것을 봤다는 아이가 있어요
땅 밑에서 솟아났다고 주장하는 애도 있어요
어떤 애는 바닷바람이 낳았다고 말해요

하지만 난 알아요
지난밤 몰래 꿈속으로
그대가 가져다준 선물임을

사랑해요 그대

봄밭으로 가자

봄밭으로 가자
그곳에서 돋아나는 어여쁨 보자
내 사랑도 돋아
뜰 안 가득 향기 퍼지면
그리움 같은 봄바람 무쳐
입 안 가득 품어 보자

봄밭으로 가자
따뜻함 피어나는
산허리
나뭇가지
이젠 설움 그치고
내 사랑 맞으러 가자
산새처럼 지저귀며 올
내 사랑 맞으러 가자

가을 동화 1
− 아가야

아가야
태양도 이때쯤은 늦잠을 잔단다
조금 늦게 일어났다고
인생이 늦는 것은 아니란다
너무 늦는다 싶으면
아가야
네가 태양을 깨우렴
그럼 태양도 머쓱해져
너에게만은 일찍 일어나지 않을까

오늘은 걸음마를 배우렴
매일매일 배워야 하는 것
걷다가 넘어져도
다시 일어나 걸으면 된단다
역사도 그러했고
저 꽃들도 그러했다
무엇이든 배우는 것에는
용기만 있으면 가능하단다
두려움 올 때가

행하라는 표지란다

아가야
세상은 사랑하는 것을 두려워하는 삶이 존재한단다
사랑하는 것
얼마나 아름다운 삶인지 모르면서
사랑하는 사람을 밀어낸단다
너는 사랑에 빠져 살거라
가을에 가을로 들어가지 못하면
가을을 살았다 할 수 없겠지
사랑한다는 건
삶으로 들어가는 일
깊이 사랑할수록
깊은 삶으로 들어가는 것이란다
비로소 어른이 되는 것
태어났으니 어른이 되어야 하지 않겠니

아가야
부디 가을엔 동화처럼 살아라

동화처럼 말하며
동화처럼 꿈꾸렴
나는 양탄자를 타 보고
성냥팔이 소녀도 되어 보아라
공주면 왕자면 어떠니
주머니 가득 동화를 채우고
요술램프를 문질러라

가을은 우리를 풍요롭게 해 준단다

가을 동화 2
– 화살

어느 날 천사가 말했어요
–두 사람은 사랑하게 될 거예요
시소에서 마주보고 있던
두 영혼은 기뻤어요
숙명처럼 다가왔어요

천사는 말을 계속했어요
–지금 사랑의 화살은 한 대밖에 없어요
　누가 맞든 그 사람은
　많이 아플 거예요
　상대보다 상대를 많이 사랑하게 되므로
　지독한 갈증을 가지고
　어쩌면 죽을지도 몰라요
　죽을 만큼 사랑하게 되니까요

내 영혼이 그녀 영혼을 바라보았어요
–내가 맞을게요
　나도 사랑을 받고 싶어요
　하지만 그녀가 아픈 건 싫어요

나를 맞혀 주세요

─아무도 맞지 않아도 돼요
 사랑하지 않으면 돼요
 그러면 가슴 떨리는 일도
 숨이 가쁜 일도
 삶이 무너지는 일도 없어요

─아니에요
 나에게 화살을 쏴 주세요
 가슴 깊이
 사랑할게요
 그녀가 아프지 않게 사랑할게요
 다만 할 수 있다면
 그녀도 나를 많이 사랑하게 해 주세요
 아픈 건 내가 할게요

─만약에
 만약에

어느 억겁이 지나
그러다 다시 사랑하게 된다면
그때는 그녀를 맞혀 주세요
그녀를 아프게 하고 싶어서가 아니라
내가 얼마나 사랑을 아파했는지
내가 얼마나 그리워했는지
그 진심을 알게 하고 싶어서요

화살은 날아왔고
심장은 빠르게 뛰었습니다

너의 목소리

가을에
주유소에 들러
차에 기름을 넣다가

문득
너에게 전화해
가슴에도 기름을 넣었습니다

아~ 나는 방향을 돌렸습니다
그곳에서
그대에게로

가을 햇살이
짓궂게 따라오며
따갑게 놀려댑니다

한가위

동그란 그리움
동그랗게 사랑하라고
한가위가 옵니다

가슴에 담긴 아름다운 말들
이날에 피는 동그란 미소
그렇게 한가위가 옵니다

소중한 것은 티 나지 않는 것
사랑받는 것이 행복이라는 것을
동그란 한가위가 옵니다

임의 얼굴
동그란 얼굴
밤에도 동그랗게
그렇게 그렇게 한가위가 옵니다

보름달

얼마 전
초승달
이쁘다 했더니

잘 먹고
잘 자며
귀여움 떨더니

제법 살이 올라
통통한 보름달이 되었습니다

칭찬은 달마저
귀하게 하니

-이제는 다이어트 해야겠어요
말하는 보름달

얼마나 예쁘고 귀여운지
멍하니 바라보았습니다

숲으로 가고 싶다

사랑한다 말하면
사랑한다 메아리치는
푸른 숲으로 가고 싶다

골짜기 깊은 곳
산새처럼 오두막 짓고
오순도순 살고프다

사랑한다 말하면
사랑한다 되돌아오는
그 아름다운 소리

숲 골짜기 곳곳에 숨겨 놓고
숨바꼭질 하며
잡고 안고 살고프다

단톡*

단톡을 만들었습니다

그 안에 몇 날 몇 시 만나자 했습니다

나무는 바로 가능하다 답을 했고

속 깊은 바다는 반갑다고 출렁거렸습니다

바람도 바쁘지만 시간 내겠다 했는데

그대만 아직 답이 없습니다

단톡에 남아 있는 '1'이라는 숫자가

이토록 심란한 것인지 몰랐습니다

* 단톡: 단체카톡

시소

너를 시소에서 만났지
너를 보며
사랑의 수평을 맞추려
온몸에 힘을 주곤 했었어

사랑은 항상 수평이지를 않았어
수평 잡는 일이 사는 일이란 것을
시소에 홀로 앉아
두 발을 땅에 딛고 서 보고서야 알았어

너에게 다가가는 길이
세상을 사랑하는 것만큼 힘들다는 것을
어느 시소 위
너와 마주서고 알았으니

너는 세상인가 봐

평평한 지구에 대한 꿈

지구가 평평한 것이 맞다

그댈 사랑하려
계속 전진했더니
어느 낭떠러지 앞

아등바등 매달리다
눈물로 돌아서곤 했다
지구가 평평한 것이 맞다

몇 번을 떨어지는 꿈을 꾸었다

천 번의 굿바이

매번 굿바이라고 말합니다
사랑한다는 것은
너무 아파서
그 고통의 끝에
이렇게 얘기하곤 합니다

하지만 사랑이라는 향기는
짙푸른 인연이어서
잘라낼 수 없는
어떤 숙명 같은 것

그래서
천 번 굿바이라고 말했다가
천한 번째
더욱 사랑합니다라고 말합니다

쌀의 꿈

누군가 나를 익히려 합니다
익어야 된다 하더니
깨끗한 물로 나를 씻깁니다
몸 구석구석을

누구나 꿈이 있습니다
내 꿈은 따뜻한 밥이 되는 것
배고프고 힘들고 지친 이들의
따뜻한 위로와 힘이 되는 것

그렇게 몸을 깨끗이 한 나는
아주 뜨거운 열기 속으로 들어가
아프고 힘든 과정을 겪습니다
고난이 나를 서서히 익게 만들기에
아파도 아프지 않습니다

삶은 익기 위한 과정입니다
고난과 고통 그 아픔으로부터
비로소 나는 따뜻함이 되기에

오늘도 그대의 밥이 되기 위해
아파도 아프지 않은 것처럼 살아가렵니다

앵무새처럼

—밥 먹었니
—사랑해

—비가 오네
—사랑해

—오늘 뭐 할거야
—사랑해

—답답하네
—사랑해

—네가 미워
—사랑해

차라리 나도
이 단어 하나만 배웠다면

사랑, 그대에게

가려거든

훔쳐간 거 돌려주고 가렴

그냥 가면

텅 빈 속

무엇으로 채울까

샐러드

조각조각 된 삶에
네가 들어와
마구마구 비벼졌다

어쩌란 말이냐
이미 네 체취가
온 삶에 번졌는데

어쩌란 말이냐
삶이
그래야 맛있다 하는데

네가 들어와 비벼진 삶
그 안에
또 하나의 사랑이 피어난다

삶은 달걀

겉으론 무심하며 근엄한 척
껍질을 까니
하얗게 드러내는 속살
도도한 척했던
노오란 속내는 감추고
부드러운 속살로
부끄러운 듯 맞이한다
한 입 크게 깨물자
비로소 드러내는 속내
수줍게 드러내는
노랗게 붉힌 속내조차
참 사랑스럽다
너처럼

별 여행

사랑하는 사람아
우리 손잡고 별나라 여행을 떠나자
저기 저 빛나는 별에서 하룻밤 묵고
그 다음 별에선 물놀이하자
큰곰별자리는 혹 곰이 살지 모르니
그 별 지나 다음 별로 가자
가서 은하수도 건너보고
견우직녀를 만나 저들의 사랑 얘기 들어보자
또 별들은 어떤 꿈을 꾸는지
아기별의 탄생도 지켜보며
내 별과 너의 별 하나 되자

지치고 피곤하여
여행을 마치고 싶을 때는
별똥별 타고 내려오면 되니
사랑하는 사람아
우리 꿈꾸듯 별나라로 여행을 떠나자
내 꿈과 네 꿈이 이어지는 곳
그곳에서 우리
별처럼 반짝이며 살자

홍시

어머니는 홍시
아버지도 홍시셨지
나도 홍시 되려
삶의 자락
그 끝에
아직 매달려 있는 거야

바람과 햇살
그대와 사랑
삶과 허무
그 사이에

그 말랑말랑한
홍시 되고 싶어서

영수증

영수증에는
그대의 사랑이 적혀 있습니다
날짜와 사랑의 양이,
당신은 사랑을 온전히 만들어
영수증을 내 가슴에 적어 놓았습니다

하지만 내게는 그대를 사랑했다는
영수증이 없습니다
다만 사랑했을 뿐
증명하라 하니
가슴이 저려옵니다

사랑에 영수증이 필요한지 몰랐습니다
그냥 사랑하면 되는 줄 알았습니다
부족한데
해준 것이 없는데
어떻게 영수증이 있을까요

아무것도 당신을 사랑했다는

증거가 없습니다
다른 이들 앞에서
무엇보다 그대 앞에서 당당하게
'이만큼 사랑했어' 뽐내고 싶은데
내 사랑은 표식 없어 가슴만 저립니다

정말 미안합니다
영수증을 발행한 곳이 있다면
한 번 얘기해 볼 텐데
하지만 그대에게 한 사랑 부끄러워
가만히 침묵하며
더 깊은 아픔 속으로 들어가렵니다

그녀의 핸드폰에는
내 이름이 택민 씨로 저장되어 있다

　나의 호칭이 그녀의 핸드폰에는 아직 연애 시절에 부르던 택민 씨로 저장되어 있다. 연애의 세월보다 함께 산 세월이 더 많은데, 나는 여전히 그녀의 핸드폰 안에선 젊은 날의 그로 살고 있다. 내가 전화를 걸 때마다 그녀는 택민 씨랑 대화를 한다.

　젊은 시절의 택민 씨는 많은 꿈을 가지고 있었고, 여러 갈래의 길에서 방황했으며, 이상과 현실 사이에서 좌절하곤 했다. 가끔 그는 책 속에 밑줄을 긋고 책 안으로 들어갔으며, 그가 그은 책 속의 글들이 오랜 세월이 지나면 비로소 책 밖으로 나온다는 것조차 몰랐다. 그 순진했던 택민 씨는 아직 멍청하다. 이제 순례의 길이 보인다며 밤낮없이 걸으려 한다.

　하지만 그녀의 핸드폰 안에는 아직 젊은 시절의 택민 씨가 살아가고 있다. 엄밀히 비교하면 닮은 면은 많아도 그때의 그는 분명 아니다. 한없이 부족함은 닮았지만 삶을 대하는 용기는 사뭇 다르다. 그녀의 젊은 날의 택민 씨는 어떤 사람이었을까? 그는 지금 어디에 있는 것일까? 그녀의 핸드폰 안에 살고 있는 그를 찾다가, 밤이 오자 누워 있는 택민 씨의 세월이 그녀의 모습을 찬찬히 바라본다. 애잔함이 코끝으로 밀려온다.

누가 '택민 씨' 하고 부르는 소리에 뒤를 돌아보았다. 아무도 없는 공간에 바람만 스친다. 그녀의 핸드폰 안에는 청춘의 남자가 비루한 옷을 걸치고 겨울로 들어가는 순례자의 모습을 하고 쓸쓸히 걷고 있다. 그를 바라보는 내 눈가에는 촉촉함이 밀려온다.

신부 입장
― 딸의 결혼을 축하하며

손 위에
가녀린 손이 얹혀진다

떨림 있는
유난히 애틋한 손 하나

따스하게 잡아보지만
알 수 없는 내면의 눈물

문이 열리고 빛이 나온다
행진이 시작된다

걸어가는 그 길이
26년의 길이 된다

천천히 걷고 싶은데
벌써 신랑 앞이다

손을 건네니

파란 하늘이 온다

딸이 하나이기를
다행이란 생각을 했다

예쁜 천사
- 외손녀를 축복하며

누가 매달아 놓았을까
하늘과 땅
그 사이
푸른 공간
동화의 나라에

집게로 집지 않았다면
하늘로 올라갔을 예쁜 천사
사람과 하늘을 잇는 그곳에서
푸른 향기 머금겠지
꿈꾸고 사랑하겠지

누가
저토록 예쁜 천사
꼭 집어 날아가지 못하도록
내 가슴에 매달아 놓았을까
그렇지 않으면
하늘로 날아갔을 예쁜 천사를

시간의숲은 당신의 시간 속에 자라는 지혜의 나무입니다.

이택민 시집

왜 행복은 옆집일까

초판 1쇄 발행 | 2025년 7월 1일

지은이 이택민
펴낸이 임영주
펴낸곳 시간의숲
주소 서울특별시 영등포구 당산로4길 12, 112동 1703호(문래동3가, 문래자이)
전화 070-4141-8267
팩스 070-4215-0111
전자우편 book-forest@naver.com
홈페이지 www.sigansoop.com
인스타그램 instagram.com/sigansoop
페이스북 facebook.com/sigansoop
등록 제2020-000146호(2020년 10월 30일)

ISBN 979-11-990004-1-4 03810
정가 12,000원

잘못 만들어진 책은 구입하신 서점에서 교환해 드립니다.
이 책을 발행인의 승인 없이 무단 전재와 무단 복제하는 것은 저작권법에 저촉됩니다.